Raus aus dem Sumpf

Arbeitsheft

AF176074

Maria Anna Bröder

Schriftliche Meditation für mehr

Klarheit und Freiheit

Impressum

Texte: © Copyright by Maria Anna Bröder
Umschlag: © Copyright by Maria Anna Bröder
              83115 Neubeuern
              www.schriftliche-meditationen.de

Herstellung und Verlag: BoD – Books on Demand, Norderstedt

Bilder: Freepik.com @rawpixel.com @vector_corp @tirachard

ISBN 9783755797067

Printed in Germany

Bibliografische Information der Deutschen Nationalbibliothek

Die Deutsche Nationalbibliothek verzeichnet diese Publikation
in der Deutschen Nationalbibliografie; detaillierte bibliografische Daten sind im Internet über http://dnb.d-nb.de abrufbar.

„Jede Depression ist ein Hilferuf der Seele,

dass Du Dich auf dem falschen Weg befindest."

Maria Anna Bröder

Vorwort

Du bist das, was Du denkst und glaubst. Deine Realität ist das, was Du von ihr denkst und glaubst. Wenn Du das, was Du denkst oder glaubst aktiv und bewusst veränderst, kannst Du Deine Realität aktiv und bewusst verändern.

Die Vorstellung, dass wir nur durch unsere innere Einstellung und unser damit verbundenes Auftreten ein Bewerbungsgespräch positiv beeinflussen können, dürfte für jeden klar und annehmbar sein. Durch die bewusste Programmierung unserer Überzeugungen unser Einkommen um 50% zu steigern, ist für einige dann schon schwieriger anzunehmen. Und doch funktioniert es!

Erforsche, wo Du Dich begrenzt, und übernimm die Verantwortung dafür. Mache Dir bewusst, WAS Du glaubst/denkst, WARUM Du das glaubst und ob Du es weiter glauben möchtest. Du kannst Deine geistigen Begrenzungen finden, Deine Komfortzone erkennen und Deine Möglichkeiten erweitern. So kannst Du Dir Dein Leben zu Deinem Spielplatz machen.

Das einzige, was uns davon abhalten kann, etwas zu erreichen, ist der Glaube, dass es unmöglich ist. Unbewusst erschaffen wir uns tagtäglich Situationen, die uns beweisen, was wir glauben. Dieses (unbewusste) Denken stärkt umso mehr innere Widerstände gegen ein erwünschtes Ziel, je größer uns der Wunsch erscheint.

Diese Heftreihe ist dafür da, Dir dabei zu helfen, diese Mechanismen zu erkennen und zu prüfen. Eine Entdeckungsreise durch die Knoten Deiner Glaubenssysteme und -muster. Aber auch ein mächtiges Hilfsmittel und ein Werkzeug.

Dein Schlüssel zum Erfolg ist, Dir erst einmal bewusst zu machen, was Du denkst/glaubst und wovon DU (unbewusst) überzeugt bist.

Meine Coachings und diese Arbeitshefte basieren auf meiner langjährigen Erfahrung, dass ich mit meinen Gedanken meine Realität steuern kann. Diese Übungen in meinen Heften dienen der aktiven Realitätssteuerung (Reality Creation).

Die Hefte der Reihe „Arbeitshefte: Schriftliche Meditationen für mehr Klarheit und Freiheit" sind im Rahmen meiner zahlreichen Coachings entstanden. Immer, wenn ich Klienten mit diversen Themen hatte, stellte ich ihnen passende Übungen zusammen, die diese alleine und ungestört zu Hause ausführen sollten.

So konnten sie bei der Bearbeitung einfach noch ehrlicher zu sich selbst sein.

Es ist deutlich nachhaltiger und hat eine höhere Qualität, wenn wir unsere Übungen schriftlich auf Papier ausführen, und das, was wir entdecken, wirklich auch noch zusätzlich in Sätze formulieren, anstatt die Aufgaben nur kurz zu „durchdenken".

Deine Aufgaben nur zu überfliegen und zu sagen: „Aha! Verstanden!", wird Dich nicht in die Lage versetzen, wirklich zu begreifen und zu verstehen, was sich unter oder hinter den verschiedenen Schichten Deiner Glaubenssätze, Muster und Gedanken versteckt.

In diesem Sinne wünsche ich Dir viel Spaß, spannende Erkenntnisse und das Leben, dass Du Dir wünschst.

Einleitung

Nicht jeder schlechte Tag, nicht jedes Energieloch ist gleich eine medizinisch zu diagnostizierende Depression.

Aber:

Gibt es ein konkretes Thema, bei dem Du Dich depressiv und hilflos fühlst, ist dieses Gefühl ein Hilferuf Deiner Seele, dass Du Dich gerade auf dem falschen Weg befindest. Der Weg, den Du eingeschlagen hast, bringt Dich nicht wirklich weiter.

Oft sind es Gewohnheiten, Bequemlichkeiten oder unbewusste Entscheidungen, die uns selbst in einen Sumpf aus Frustration, Müdigkeit und Erschöpfung treiben.

Erforsche Deine Gewohnheiten, Deine Aktionen und Reaktionen, die Dich hier hingebracht haben. Beobachte Dich selbst, welches Thema die Depression ausgelöst hat und arbeite mit dieser Erkenntnis.

Diese Erkenntnis kann Dir helfen schneller voran zu kommen und Deinem Lebensziel ein großes Stück näher zu kommen.

Spür in Dich hinein, welche Sehnsüchte Du gerade unterdrückst, wo Du Dich selbst klein machst und lieber auf Nummer Sicher gehst, anstatt etwas zu riskieren. Lerne Dich selbst besser kennen und komm so Deinem „Sinn des Lebens" wieder ein kleines Stückchen näher.

Wenn Du gerade in einem „Loch" sitzt, hat dieser Tiefpunkt auch ein großes Lernpotential. Übernimm die Verantwortung für Deinen frustrierenden Zustand und hol Dich selbst aus Deinem Loch, in dem Du sitzt.

Allein dadurch, dass Du Dir dieses kleine Heftchen gekauft hast, ist der Beweis, dass Du etwas ändern möchtest.

Willkommen in der Welt der bewussten Entscheidungen. Hol Dir die Macht zurück, die Dir zusteht und lebe für Dein Glück.

Du bist wundervoll!

Arbeitsanweisung:

- Sorge dafür, dass Du Ruhe hast und Dich niemand stört, solange Du Deine Übungen machst.
- Bewahre Deine Arbeitsbücher an einem Ort auf, an denen sie vor den Augen anderer sicher sein können. Du musst bei der Bearbeitung der Übungen zu 200% ehrlich sein können und nicht ständig daran denken müssen: „Hoffentlich liest das keiner!".
- Versuche bei den schriftlichen Übungen spontan zu antworten. Nimm Dir die Zeit, die Du für Arbeits-Aufgaben brauchst, damit Du sie wirklich ausführen kannst.
- Sorge für Ruhe während der Meditationen.
- Lass keine Übung aus.
- Wenn Du mit einem Heft durch bist, verschließe es (ich verklebe meine sogar mit Klebeband) und lege es zur Seite.

Lass los!

Das ist ein wichtiger Teil der Arbeit. Du musst nun nicht mehr daran denken und darfst sogar vergessen, dass du in diesem Heft gearbeitet hast!

Falls Du ein ähnliches Thema bearbeiten möchtest, besorge Dir ein neues Heft und fange darin ganz von vorne wieder an. Auch ist es hilfreich, das ein oder andere Heft nach längerer Zeit (sechs bis zwölf Monate) zu wiederholen und zu vergleichen, was sich geändert hat.

Viel Erfolg!

Datum . . . .

1. Such Dir ein Thema aus, dass Du gerne bearbeiten möchtest. Ein Thema, dass Dich jetzt sehr beschäftigt und belastet, Dir die Freude nimmt und Dir Energie raubt. Beschreibe DEIN „Loch" in dem Du gerade sitzt und aus dem Du nicht herauskommst.

(Beziehung, Gesundheit, Karriere, Finanzen)

Beschreibe ganz genau, um was es geht und wie Du Dich fühlst. Was belastet Dich? Wo fühlst Du Dich gerade machtlos? Welche Gedanken kreisen ständig in Deinem Kopf? Welche Gefühle sind präsent? Erkläre und beschreibe das Problem, die Situation so genau und ausführlich wie möglich:

. . . .
. . . .
. . . .
. . . .
. . . .
. . . .
. . . .
. . . .
. . . .
. . . .
. . . .
. . . .
. . . .
. . . .

. . . .
. . . .
. . . .
. . . .
. . . .
. . . .
. . . .
. . . .
. . . .
. . . .
. . . .
. . . .
. . . .
. . . .
. . . .
. . . .
. . . .
. . . .
. . . .
. . . .
. . . .
. . . .

Auf einer Skala von 1(gar nicht) bis 10 (sehr schwer):

Wie stark belastet Dich og. Situation?

. . . .

. . . .

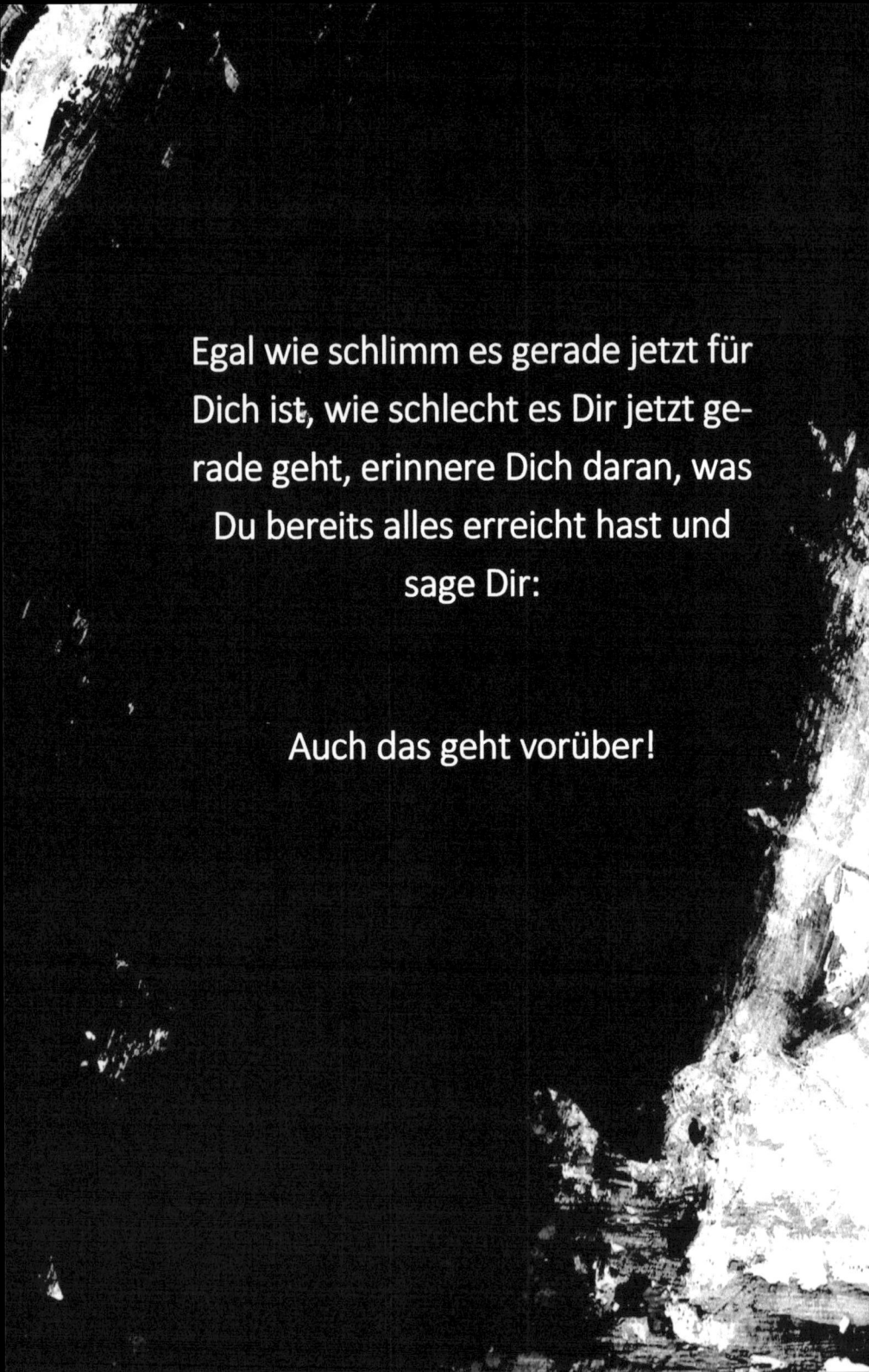

Egal wie schlimm es gerade jetzt für
Dich ist, wie schlecht es Dir jetzt gerade geht, erinnere Dich daran, was
Du bereits alles erreicht hast und
sage Dir:

Auch das geht vorüber!

2. Erkenne die Vorteile, die Du durch diese Realität (siehe 1.) hast und benenne sie. Sei zu 100% ehrlich. Niemand wird das hier lesen! Aber schreibe genau auf, welche angenehme Seite og. Situation für Dich hat. Formuliere ganze Sätze!

(XY schenkt mir mehr Aufmerksamkeit. B bietet mir ständig Hilfe und Unterstützung an, wenn ich traurig bin. Ich kann Jammern und habe Ausreden für andere Dinge. Ich kann mich ungerecht behandelt fühlen, dadurch fühle ich mich besser und kann über die anderen lästern/urteilen...)

. . . .
. . . .
. . . .
. . . .
. . . .
. . . .
. . . .
. . . .
. . . .
. . . .
. . . .
. . . .
. . . .
. . . .
. . . .
. . . .
. . . .

Meditation:

Erlebe Deine Situation, die Dich im Moment so belastet (siehe 1.) und spüre die Vorteile die Du dadurch hast. Gehe verschiedene Erlebnisse bewusst vor Deinem geistigen Auge durch.

Fühle bis in die Fingerspitzen, das Angenehme an Deinem frustrierenden Zustand.

Wer schenkt Dir jetzt mehr Aufmerksamkeit? Wobei musst Du nicht 100% geben? Welche (vermeintlich) unangenehmen Dinge musst Du nicht tun, wenn Du „mies drauf" bist? Wem kannst Du die Schuld geben? Für welche Dinge musst Du nicht die Verantwortung übernehmen, wenn es Dir schlecht geht?

Auf einer Skala von 1 – 10:

(1 = angenehm, aber unwichtig;
10 = brauche ich zum Leben,
darauf kann ich unmöglich verzichten)

Bewerte die Wichtigkeit dieser Vorteile.

. . . .

. . . .

. . . .

. . . .

. . . .

. . . .

. . . .

. . . .

. . . .

. . . .

Sei wieder zu 100% ehrlich mit Dir selbst!
Diese Arbeit hier ist nur für Dich!
Niemand wird das hier lesen.

3. Geh in Gedanken wieder in Deine jetzige, unerwünschte Situation. (Nr. 1) Versuche Dich selbst von au-
ßen zu betrachten und überlege, was möchtest Du **statt-
dessen** fühlen, erleben, denken, tun?

*(Stolz sein, dass ich es alleine schaffe. Entspannung, dass es
erledigt ist. Freiheit. Einfach tun. Meine eigene Stärke fühlen.
Meine Intuition spüren.)*

. . . .
. . . .
. . . .
. . . .
. . . .
. . . .
. . . .
. . . .
. . . .
. . . .
. . . .
. . . .
. . . .
. . . .
. . . .
. . . .
. . . .
. . . .
. . . .
. . . .
. . . .
. . . .

4. Erkläre genau, warum Du unter 3. genannte Realität NICHT haben kannst, warum Du unter 3. genannte Dinge nicht einfach tun kannst, warum Du unter 3. genannte Emotionen/Gefühle nicht einfach fühlen kannst.

Was steht im Weg? Wer oder was hindert Dich daran? Warum?

. . . .
. . . .
. . . .
. . . .
. . . .
. . . .
. . . .
. . . .
. . . .
. . . .
. . . .
. . . .
. . . .
. . . .
. . . .
. . . .
. . . .
. . . .
. . . .
. . . .
. . . .
. . . .

5. Erkläre/Erkenne die Nachteile, die Du hättest, wenn Du unter 3. genannte (gewünschte) Realität bereits leben würdest.

Was müsstest Du für Deine neue (Wunsch-)Realität aufgeben? Welche Ängste tauchen auf? Wo und warum spürst Du bei der Vorstellung Deiner „Wunsch-Realität Stress?
Sei ehrlich zu Dir selbst und beleuchte das Opfer, dass Du bringen müsstest, wenn Du auf Deine aktuelle Realität (siehe 1.) verzichten und bereits heute glücklich und entspannt Deinen Traum leben würdest?

(Ich könnte mich nicht hängen lassen. Ich müsste mehr auf mein Äußeres achten. Ich hätte keinen Grund mehr über XY zu lästern.)

Auch hier gilt wieder, je ehrlicher und ausführlicher Du bist, umso größer ist Dein Lern- und Weiterentwicklungs-Effekt.

. . . .
. . . .
. . . .
. . . .
. . . .
. . . .
. . . .
. . . .
. . . .
. . . .
. . . .
. . . .

Meditation:

Visualisiere Deine gewünschte Realität/Rolle vor Deinem geistigen Auge. Wie bei einem Film, stell Dir vor, Du bist jetzt glücklich, entspannt, finanziell abgesichert, stark, selbstbewusst oder frei.

Erzeuge diese Gefühle aktiv in Dir und betrachte Deine Wunsch-Situation.

Erkenne ganz klar nochmal die Nachteile, die diese neue Realität mit sich bringen würde.

Wo, bei was entsteht in Dir das Gefühl „Stress", wenn Du an Deinen Traum denkst?

. . . .
. . . .
. . . .
. . . .

Welche Verhaltensmuster müsstest Du aufgeben?

. . . .
. . . .
. . . .
. . . .

Wann müsstest Du stark sein, wo es im Moment einfacher ist, schwach zu sein?

. . . .
. . . .
. . . .
. . . .

Wo kommen Dir Zweifel?

. . . .
. . . .
. . . .
. . . .

Wie würde Dein Umfeld auf Dich reagieren?

. . . .
. . . .
. . . .
. . . .

Wie würdest Du Dich als Dein neues Ich verhalten (müssen)?

. . . .
. . . .
. . . .
. . . .

Was würde Dein Umfeld von Dir nun erwarten? (Bei was hast Du Zweifel, dass Du es vielleicht nicht leisten kannst?)

. . . .
. . . .
. . . .
. . . .
. . . .

Auf einer Skala von 1 – 10:

(1 = berührt mich kaum, unwichtig;
10 = belastet mich schwer, damit kann ich nicht
wirklich leben. Oder: Kann ich nicht
stemmen/leisten/bringen)

Bewerte die Nachteile:

. . . .

. . . .

. . . .

. . . .

. . . .

. . . .

. . . .

. . . .

. . . .

. . . .

Sei wieder zu 100% ehrlich mit Dir selbst!
Diese Arbeit hier ist nur für Dich!
Niemand wird das hier lesen.

Nenne eine Erkenntnis, ein „bewusst-werden", ein „Aha!" aus dieser Übung, dass Dir vorher nicht bewusst war.

. . . .
. . . .
. . . .
. . . .
. . . .
. . . .
. . . .
. . . .
. . . .
. . . .
. . . .
. . . .
. . . .
. . . .
. . . .

Um was geht es Dir, wenn Du hinter Deine Wünsche schaust? Was ist die tiefere Bedeutung Deiner Wunsch-Realität? *(Glück, Freiheit, Ruhe, Frieden, Entspannung, Erkenntnis, Erfahrung, Sicherheit)*

. . . .
. . . .
. . . .
. . . .
. . . .
. . . .
. . . .
. . . .
. . . .
. . . .
. . . .
. . . .
. . . .
. . . .
. . . .
. . . .

Meditation

Atme ruhig und entspannt und lies Dir den Satz/die Sätze noch einmal durch. Spüre Deinen Wunsch, Deinen Drang das og. haben, tun oder sein zu wollen.

Stelle vor Deinem geistigen Auge nochmal die Vorteile des Nicht-Erreichens, dem Wunsch es haben zu wollen, gegenüber.

Wechsle ein paar Mal hin und her, bis Du ganz genau spürst, welches Verlangen größer ist.

Das Verlangen nach den Vorzügen, des Nicht-Erreichens oder der Wunsch es endlich realisiert zu haben?

Die Bequemlichkeit des alten Ichs oder die Sehnsucht nach Deinem neuen Ich.

Falls nötig:

Verzeih Dir selbst, dass Du
Dir Deine Sehnsucht wegen
Banalitäten nicht schon
längst erfüllt hast.

Wie fühlst Du Dich jetzt? Was ist Dir klar geworden?
Was hat sich gelöst? Was hat sich verändert?

. . . .
. . . .
. . . .
. . . .
. . . .
. . . .
. . . .
. . . .
. . . .
. . . .
. . . .
. . . .
. . . .
. . . .
. . . .
. . . .

Auf einer Skala von 1(gar nicht) bis 10 (sehr schwer):

Wie stark belastet Dich Deine Anfangs-Situation (Übung
Nr. 1) jetzt noch?

. . . .

. . . .

6. Update

Schau Dir jetzt nochmal die Vorteile Deiner aktuellen Realität an (Übung Nr. 2)

Forme einen Satz nach dem anderen um, damit Du unterstützende Wahrheiten, Glaubenssätze und Affirmationen erhältst. Formuliere positive Sätze.

Keine Verneinung, kein „nicht", kein „ich will" oder „ich will nicht!".

Formuliere sie im IST-Zustand Die Sätze müssen so lauten, als ob sie bereits jetzt erfüllt sind. Füge Adjektive wie fröhlich, leicht, entspannt oder glücklich hinzu.

„XY ist nur für mich da, wenn ich traurig bin!" wird zu „Ich habe eine freudige und liebevolle Freundschaft und verbringe angenehme und unterhaltsame Zeit mit XY!"

„Ich kann auf Z schimpfen und ihm die Schuld geben!" wird zu „Ich übernehme die Verantwortung für mein Handeln und erkenne meine Aufgaben. Locker und leicht erledige ich alles was nötig ist, um mein Ziel zu erreichen oder meine Aufgaben zufriedenstellend zu erledigen!"

„Ich kann pampig und unhöflich zu anderen Menschen sein, wenn es mir schlecht geht!" wird zu „Ich bin ein froher Mensch und hab ein offenes und freundliches Auftreten!"

„Ich kann faul sein und muss mich nicht anstrengen!" wird zu „Ich bin energiegeladen, fleißig und diszipliniert!"

Affirmationen:

☀ ....
....
....
....

☀ ....
....
....
....

☀ ....
....
....
....

☀ ....
....
....
....

☀ ....
....
....
....

7. Update

Blicke auf die Einwände und Hindernisse die Dir beim Erreichen Deiner Ziele im Weg stehen.

Nimm jeden Glaubenssatz aus Nummer 4. und formuliere ihn um.

(Aus „Ich habe zu wenig Zeit!" wird „Ich habe genug Zeit um alle Aufgaben in Ruhe zu erledigen!".

Aus „Ich habe zu wenig Geld!" wird „Ich lebe in Reichtum und Fülle." oder „Meine finanziellen Angelegenheiten befinden sich in perfekter/göttlicher Ordnung!".

Aus „Ich bin zu alt!" wird „Ich fühle mich wie 16, sprühe vor Lebensfreude und kann machen was ich will!".)

Affirmationen:

:☼: . . . .
. . . .
. . . .
. . . .

:☼: . . . .
. . . .
. . . .
. . . .

:☼: . . . .
. . . .
. . . .
. . . .

:☼: . . . .
. . . .
. . . .
. . . .

:☼: . . . .
. . . .
. . . .
. . . .

33

☀ ....
....
....
....

☀ ....
....
....
....

☀ ....
....
....
....

☀ ....
....
....
....

☀ ....
....
....
....

8. Nun wende Dich an die Nachteile, die Du in Kauf nehmen müsstest, wenn Deine neue Realität bereits jetzt vorhanden wäre und formuliere auch diese Sätze so um, dass sie Dich unterstützen und Dir helfen.

„Ich müsste sehr diszipliniert arbeiten!" wird zu „Ich bin diszipliniert und es macht mir Freude sauber und ordentlich zu arbeiten!"

„Ich hätte weniger Zeit für meine Hobbys!" wird zu „Mir steht genug Freizeit zur Entspannung zur Verfügung!"

„Ich hätte keinen Grund mehr zu jammern und mich gehen zu lassen!" wird zu „Ich bin ein fröhlicher, offener und energiegeladener Mensch!"

„In einer festen Beziehung müsste ich mich wegen jeder Kleinigkeit absprechen!" wird zu „Ich bin ein freier und erwachsener Mensch in einer liebevollen und verständnisvollen, erwachsenen Beziehung!"

Affirmationen:

☀ . . . .
. . . .
. . . .
. . . .

☀ . . . .
. . . .
. . . .
. . . .

☀ . . . .
. . . .
. . . .
. . . .

☀ . . . .
. . . .
. . . .
. . . .

☀ . . . .
. . . .
. . . .
. . . .

☀ ··
  ··
  ··
  ··

☀ ··
  ··
  ··
  ··

☀ ··
  ··
  ··
  ··

☀ ··
  ··
  ··
  ··

☀ ··
  ··
  ··
  ··

Jetzt geht es an die Arbeit

Wenn Du oben aufgeführte Übungen erledigt hast, hast Du jetzt viele positive, energievolle, unterstützende und stärkende Affirmationen erstellt, die genau auf Dich und auf Deine Situation passen.

Stell Dir Dein Unterbewusstsein wie eine Festplatte Deines PCs vor, die Du nun mit diesen Sätzen umprogrammieren wirst. Such Dir ein paar (vielleicht erst einmal 4-6 Stück) Deiner Affirmationen aus und lerne sie auswendig.

Schreibe die Sätze auf Notiz-Zettel und hänge sie an Deinen Spiegel, an Deinen Arbeitsplatz, an den Kühlschrank, an Deinen Nachttisch. Du solltest sie immer im Blick haben.

Wenn möglich, solltest Du sie Dir wie ein Mantra laut aufsagen. Wenn Du Dir selbst schon 1000x gesagt hast, dass etwas zu schwer für Dich ist, musst Du jetzt mindestens 1001x sagen: „Ganz leicht erledige ich diese Aufgabe!".

Je weiter weg Dein Satz von Deiner jetzigen Situation ist (je schwieriger er zu glauben ist), umso mehr Einwände werden sich in Deinen Gedanken bilden. Wenn Du anfängst, diese neuen Affirmationen oder Glaubenssätze täglich immer wieder laut auszusprechen, kommen

Gegenargumente in Deinen Gedanken hoch, warum diese Übung/dieses Mantra Quatsch ist, oder warum dieser Satz nie Realität sein wird. Ablenkungen, warum Du jetzt keine Zeit hast, diesen positiven Affirmationssatz 20x laut auszusprechen oder 20x in ein Notizbuch zu schreiben, werden beginnen Deine Arbeit zu stören.

Sieh das als einen verzweifelten Versuch Deines Unterbewusstseins/Deiner Festplatte an, an den alten Programmen und Gewohnheiten festhalten zu wollen. Jetzt geht es um die pure Willenskraft.

Denn, wenn Du diese Übung öfter wiederholst, wirst Du feststellen, dass sich Deine gedanklichen Reaktionen auf Deine Affirmation mit der Zeit mehr und mehr verändern.

Aus: „Das schaff ich nie im Leben!", kann sich im Laufe der Zeit ein: „Ich kann mir vorstellen, dass es funktionieren könnte!" entwickeln. Und genau darum geht es. Im Laufe der Zeit sollten sich Deine Zweifel in unterstützende und stärkende Glaubenssätze verändern. Das kann ganz schnell gehen. Aber je nachdem, wie lange Du schon diverse Gegenargumente für Deinen Traum mit Dir herumträgst, muss Dir klar sein, dass sich das nicht von heute auf morgen auflösen lässt.

Bleibst Du aber dran, ist Dein Wille stärker als Deine Gewohnheiten, können wahre Wunder geschehen.

Beobachte auch, wie sich beim häufigen wiederholen Deiner Affirmationen, Deine Gefühle verändern. Leg Dir ein Notizbuch zu und notiere Deine Veränderungen. So etwas kann richtig spannend werden und Du erkennst selbst, welche Macht und welche Möglichkeiten Du hast Deine Realität zu verändern und zu gestalten.

Alternativ kannst Du auch eine eigene Übung daraus machen.

Schaffe Dir einen ruhigen Raum, nimm Dir eine Auszeit.

Sprich einen Deiner neuen Sätze laut aus, hohl einen tiefen Atemzug und schreibe den ersten Gedanken, der Dir im Bezug zu diesem Satz in den Sinn kommt auf. Es geht hier darum schnell und spontan die Reaktion auf Deine Affirmation festzuhalten, damit Du sie betrachten und auflösen kannst.

Dann wiederhole. Sprich Deine positive Affirmation einmal laut aus, hohl einen tiefen Atemzug und schreibe den Einwand, den Zweifel, die Ängste auf. Fahre fort bis Du einige Blockaden, Gegenargumente, negative Glaubenssätze definiert hast, die Dich am Erreichen Deines Zieles hindern.

(Das schaff ich nie. Ich habe dafür zu wenig Disziplin. Das ist alles zu teuer.)

1. . . . .
. . . .
2. . . . .
. . . .

3. . . . .
. . . .

4. . . . .
. . . .

5. . . . .
. . . .

6. . . . .
. . . .

7. . . . .
. . . .

8. . . . .
. . . .

9. . . . .
. . . .

10 . . . .
. . . .

Betrachte sie als das, was sie sind:

Glaubenssätze, Programme und Gewohnheiten, die genauso wieder gelöscht, geändert und aufgelöst werden können.

Es ist Deine Entscheidung!

Landkarte/Mindmap

Zusätzlich kannst Du Dir auch eine Art Mindmap anlegen.

Nimm Dir ein großes Blatt Papier, schreibe einen Gedanken, ein Problem oder eine Blockade in die Mitte und vielleicht einen Kreis darum.

Achte auf die erste Reaktion oder den ersten Gedanken der sich bemerkbar macht, male einen Strich als Verbindung, zeichne einen zweiten Kreis, oder ein Kästchen und schreibe diesen Gedanken da hinein. Lies ihn Dir durch und achte wieder darauf, was in Deinen Gedanken hochploppt oder erscheint. Halte auch diese Reaktion in einer neuen „Blase" fest. Zeichne Verbindungen, Pfeile, Kästchen.

Stell Dir vor Du erschaffst Dir eine Straßenkarte durch Deine Gedanken. Welcher Gedanke führt wo hin? Welcher Glaubenssatz ist mit welcher Überzeugung verbunden? Welche Gewohnheit, Angst oder Sehnsucht steht hinter oder über welchem Gedankenmuster? Wo steckst Du in einer Einbahnstraße? Welcher Umstand, welcher Glaubenssatz unterstützt Dein Problem, so dass Du es nicht auflösen kannst?

Habe keine Scheu davor, etwas durchzustreichen, oder bunt hervor zu heben. Zeichne Fragezeichen, hebe Erkenntnisse hervor. Mache durch Pfeile, Verbindungen Kästchen oder Ausrufezeichen sichtbar, wo, wie oder was in Dir vorgeht.

Bei mir schaut das dann so aus:

Es soll kein hübsches Meisterwerk werden.
Es ist ein Werkzeug, das benutzt werden soll!

Ja,

es ist so einfach!

Natürlich kannst Du auch für mehrere tausend Euro ein Transformations-Seminar besuchen.

Muss aber nicht sein.

Du allein hast die Macht, die Kraft und die Möglichkeit das Beste aus Deinem Leben und aus Dir selbst zu machen.

Erkenne Dich selbst und Deine Möglichkeiten.

9. Was kannst Du am besten?

Nenne 10 Sachen, bei denen Du von Dir selbst weißt, oder andere über Dich sagen, dass Du das am Besten kannst:

1. . . . .
 . . . .

2. . . . .
 . . . .

3. . . . .
 . . . .

4. . . . .
 . . . .

5. . . . .
 . . . .

6. . . . .
 . . . .

7. . . . .
 . . . .

8. . . . .
 . . . .

9 . . . .
 . . . .

10. . . . .
 . . . .

10. Was machst Du am liebsten/würdest Du am liebsten einfach tun?

Nenne (mindestens) 10 Aktionen, Unternehmungen oder Erfahrungen, die Du am liebsten einfach tun bzw. ausprobieren würdest:

1. . . . .
. . . .

2. . . . .
. . . .

3. . . . .
. . . .

4. . . . .
. . . .

5. . . . .
. . . .

6. . . . .
. . . .

7. . . . .
. . . .

8. . . . .
. . . .

9 . . . .
. . . .

10. . . . .
. . . .

11. Was hättest Du gerne? Was würdest Du gerne besitzen?

1. . . . .
. . . .

2. . . . .
. . . .

3. . . . .
. . . .

4. . . . .
. . . .

5. . . . .
. . . .

6. . . . .
. . . .

7. . . . .
. . . .

8. . . . .
. . . .

9 . . . .
. . . .

10. . . . .
. . . .

12. Womit kannst Du Dir gleich heute etwas Gutes tun?

1. . . . .
. . . .

2. . . . .
. . . .

3. . . . .
. . . .

4. . . . .
. . . .

5. . . . .
. . . .

6. . . . .
. . . .

7. . . . .
. . . .

8. . . . .
. . . .

9 . . . .
. . . .

10. . . . .
. . . .

Tu` es!

13. Was interessiert Dich am meisten? Was zieht sofort Deine Aufmerksamkeit?

1. . . . .
. . . .
2. . . . .
. . . .
3. . . . .
. . . .
4. . . . .
. . . .
5. . . . .
. . . .
6. . . . .
. . . .
7. . . . .
. . . .
8. . . . .
. . . .
9 . . . .
. . . .
10. . . . .
. . . .

Wie fühlst Du Dich jetzt? Hast Du etwas Neues entdeckt? Ist Dir etwas aufgefallen? Nenne eine Erkenntnis, ein „Aha!"-Gedanken, der Dir während dieser Übungen in den Sinn gekommen ist.

. . . .
. . . .
. . . .
. . . .
. . . .
. . . .
. . . .
. . . .
. . . .
. . . .

Was hast Du Dir für die Zukunft vorgenommen?

. . . .
. . . .
. . . .
. . . .
. . . .
. . . .
. . . .
. . . .
. . . .
. . . .
. . . .
. . . .

Schlusswort

Herzlichen Glückwunsch!

Du hast alle Übungen und Meditationen aus diesem Heft gemacht.

Nun verschließe es und räume es weg. Am Besten in Deine hinterste Schublade. Du hast Deine Aufgaben jetzt erst mal erfüllt. *(Ich verklebe meine Hefte meistens sogar mit dickem Klebeband.)*

Du kannst jetzt getrost LOSLASSEN und mit Vorfreude nach vorne blicken.

Geh raus! Das Universum liefert nicht aufs Sofa.

Geh unter Leute. Führe Small-Talk. Sei offen, sei fröhlich, sei neugierig, sei interessiert. Sei jetzt der, der Du sein willst. Reagiere, fühle, antworte bereits jetzt mit Deinem neuen Ich.

Folge Deiner Intuition, Deinem inneren Flow, Deinem Gefühl und gehe ihm nach.

Lass Dich überraschen.

Irgendwann, wenn Du schon vergessen hast, dass Du dieses Heft überhaupt aktiv bearbeitet hast, wird es Dir in die Hände fallen. Dann kannst Du darin blättern und staunen, was sich bereits manifestiert hat.

Weitere Arbeits-Bücher von Maria Anna Bröder

Wünsche aktivieren
Reihe: Schriftliche Meditation für mehr Klarheit und Freiheit
ISBN 978-3-75345-8922, 70 Seiten, DIN A5

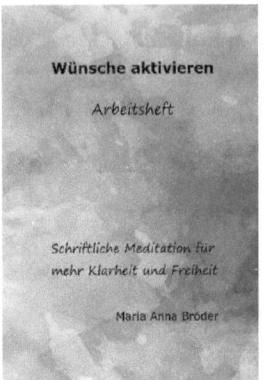

Der erste Schritt auf dem Weg Deine Ziele zu erreichen, ist es sie zu kennen. Sie greifbar zu machen. Im Alltagsstress sind unsere Gedanken oft so konfus und ungeordnet, dass es uns schwerfällt, uns zu fokussieren. In dem Moment, in dem Du beginnst Deine Ziele so zu konkretisieren, dass Du sie aufschreiben kannst, hast Du schon einen großen Schritt zu ihrer Verwirklichung beigetragen.

Ein Problem durchschauen
Reihe: Schriftliche Meditation für mehr Klarheit und Freiheit
ISBN 978-3-75344-1948, 64 Seiten, DIN A5

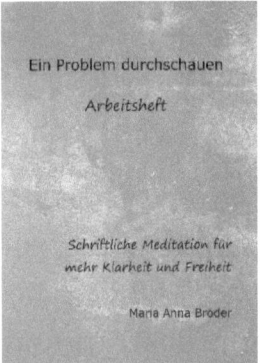

Jedes Problem, jede unerwünschte Situation/Realität bringt Dir einen Vorteil, auch wenn Du ihn Dir vorerst nicht eingestehen möchtest. Hinter jedem Ziel, jedem Wunsch, der für Dich schwer erreichbar scheint, versteckt sich ein "Nachteil" für Dich. Oft sind es nur Vorurteile, die ohne hinterfragt zu werden im Unterbewusstsein ihre Sabotagearbeit leisten. Mit diesem Arbeitsheft: "Ein Problem durchschauen" kannst Du Dir diese unbewussten Überzeugungen ins Bewusstsein holen.

Ich bin Ich
Reihe: Schriftliche Meditation für mehr Klarheit und Freiheit
ISBN 978-3-75346-4114, 70 Seiten, DIN A5

Dieses Heft ist Deine eigene Definition, Dein ganz persönlicher Wikipedia-Eintrag. Hier geht es nur um Dich. Wer bist Du? Was bist Du? Wie bist Du? Wo definierst Du Dich über andere, wo machst Du Dich von anderen abhängig? Nutze dieses Heft als eine absolute Bestandsaufnahme. Eine Inventur. Es gilt Grenzen zu erkennen und Unbewusstes bewusst zu machen. Erkenne starre Muster und Verhaltensweisen. Lerne aus ihnen mehr über Dich selbst und wachse. Wenn Du weißt, wer Du bist, hast Du die Möglichkeit wortwörtlich IN DIR zu ruhen.

Ein Ziel manifestieren
Reihe: Schriftliche Meditation für mehr Klarheit und Freiheit
ISBN 978-3-75346-2615, 66 Seiten, DIN A5

Zahlreichen Studien und Berichten zufolge denken wir täglich bis zu

60.000 Gedanken. Diesen ständig präsenten Gedankenstrom, diese ständig präsente Stimme im Ohr, tragen wir permanent mit uns herum und beeinflusst unbewusst unser Handeln, unsere Reaktionen und unser Befinden. Übernimm die Verantwortung und beeinflusse aktiv, was Du denkst und somit bewusst Dein Auftreten, Deine Ausstrahlung und Dein Leben.

Liebe und Akzeptanz in der Partnerschaft

Reihe: Schriftliche Meditation für mehr Klarheit und Freiheit
ISBN 978-3-75193-4008, 59 Seiten, 17x22 cm

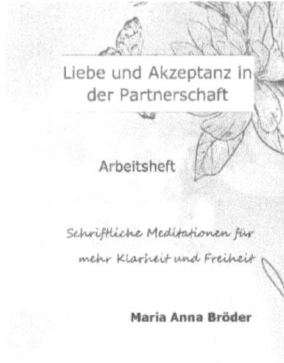

Menschen, die wir lieben, oder die uns sehr nahestehen, können uns am meisten verletzen. Da uns diese Menschen so wichtig sind, legen wir jedes Wort, jede noch so kleine Reaktion auf die Goldwaage. Hinterfrage ich aber meine eigene Reaktion, habe ich die Möglichkeit, mir tiefere Verletzungen, Muster oder Gewohnheiten ins Bewusstsein zu holen, zu erkennen und somit aufzulösen. Wenn ich mir selbst absolut klar bin, was ich will und warum, kann ich meinem Partner helfen mich zu verstehen und die Partnerschaft/Beziehung kann wachsen und reifen. Mit Hilfe dieses Hefts kann aus einem Streit ein gemeinsames Erforschen und Entdecken werden.

Aktives Trauern: Abschied von Deinem alten ICH

Reihe: Schriftliche Meditationen für mehr Klarheit und Freiheit
ISBN 978-3755782957, 48 Seiten, DIN A5

Es gibt Erfahrungen im Leben, die uns nachhaltig negativ beeinflussen. Sie rauben uns Energie, beschränken unser freies Handeln und Denken, rauben uns Lebensfreude und bescheren uns Alpträume. Unbewusst tragen wir ständig den Vorwurf dem Menschen gegenüber mit uns mit, der uns das angetan hat. Es können uns aber auch Schuldgefühle quälen; zum Beispiel: "Wieso war ich bloß so dumm?". Sobald Du wieder 100% Herr Deiner Lage bist, die Tür verschließen und Dich um Deine "Wunden" kümmern kannst, ist es an der Zeit, dass Du genau das tust. Hierbei soll Dir dieses kleine Heft helfen, damit Du Dein Schmerz auflösen und Dein Leben neugestalten kannst.

Mehr Erfolg durch Ruhe und Gelassenheit

Reihe: Schriftliche Meditation für mehr Klarheit und Freiheit
ISBN 978-3755780823, 60 Seiten, DIN A5

Dinge, Aussagen oder Ereignisse, die uns zum "Aus-der-Haut-fahren" bringen, sind manchmal ein Spiegel einer Seite an uns, die wir lieber verstecken wollen. Wenn uns etwas Derart trifft, dass wir nicht mehr ruhig bleiben können, verletzt, gekränkt oder beleidigt reagieren, sollten wir uns Gedanken über das "Warum?" machen. Es gehört aber auch eine gehörige Portion Mut dazu, seine eigene dunkle Seite zu erkennen und als Teil von sich selbst zu akzeptieren. Die dadurch frei gewordene und gewonnene Energie können wir in unsere Ziele, Wünsche und Projekte stecken oder auch einfach mal loslassen und Entspannen.

Nachschlagewerke, Quellen, weiterführende Literatur:

Frederic Dodson
„Increase your Energy"; ISBN 1541062922
„Energie-Level – Eine spektrale Reise durch die
Bewusstseinsebenene" ISBN 3890946941
„Reality Creation Coaching" ISBN 9783890945064
„Reality Creation für Fortgeschrittene ISBN 3890945988
„Paralleluniversum des Selbst" ISBN 3890945988
„Reality Creation – Die kontrollierte Erschaffung von Realität" ISBN
3890943942
„Reality Creation and Manifestation" ISBN 978-1534842809
Und weitere seiner Bücher zum Thema Reality Creation und
Energie-Level.

Cathrin Ponder: „Die Dynamischen Gesetze des Reichtums"

Bärbel Mohr: „Bestellung beim Universum"